数が苦手な子のための
計算支援ワーク 1

数に慣れる
基礎トレーニング編

大江浩光 著

明治図書

巻　頭　言

―どの子も伸びる　主体的・対話的で深い学びの実現―

「菊地道場」道場長　菊池　省三

　本シリーズは，多様な子どもの学びを引き出す算数科指導のヒントが，具体的に示されている画期的なシリーズである。大江氏は，既存の特別支援教育における指導法を20年以上の実践から丁寧に見直し，子どもたちが将来，自分の居場所をつくっていける教育のあり方を自分たち教師に示している。

　平成28年の秋，大江氏から本シリーズに対して「解説を書いてもらえないだろうか」と連絡があった。数日後，大江氏から，シリーズの分厚い本が届いた。すぐに開封して読むとともに，大江氏から直接話を聞いた。私は，「この本は，特別支援教育の現場で結果が出せる素晴らしい本である」と痛感し，本書の解説執筆を快諾した。

　本シリーズに関する率直な感想は，下記の7点である。

---

①結果が出る本である。また実際，結果を出している。
②多様な指導法やプリント集，アプリの活用法を紹介している。
③詳細な指導カリキュラムをつくっているので，系統的に取り組める。
④特別支援教育の算数科において，何をどのように教えるべきかを明確に掲載している。
⑤教科書に沿っている。
⑥主体的・対話的で深い学びの視点に立った指導がされている。
⑦家庭と連携して取り組める。

　学校現場はもちろん，保護者の方々にも，ぜひ活用していただきたいシリーズである。

まえがき

　特別支援教育に携わる際には，学習指導計画や指導マニュアルが必要になります。しかし，実際の学校現場ではどうでしょうか。詳細な学習指導計画や指導マニュアルをつくっている学校は少なく，困っている先生方が多いようです。25年前，初めて特別支援学級を担任させていただいた私も同じでした。何をどのようにしてよいか分からず，低学年のプリントを参考にしてつくり直し，それをもとに授業をするのが関の山でした。昨今，特別支援学級は，各都道府県で急増しています。私の勤務する鹿児島市でも，特別支援学級は平成24年から平成28年にかけて，約1.5倍になりました。その状況下で，初めて特別支援教育の指導に携わる教師（指導者）も多く，どのように取り組んだらよいか苦慮しています。

　そこで，誰でも使え，個に応じた多様な指導法を掲載している詳細な学習指導計画や指導マニュアルの必要性を痛感し，大学教授や行政の先生方，特別支援学校・特別支援学級の先生方の協力を得ながら，本シリーズを作成しました。

　掲載している内容はすべて実践済みで，結果も残しています。

　結果にこだわった本です。支援を必要としている子どもの指導に最適です。

結果につながる7つのポイント

ポイント1
暗算で買い物計算ができるまでをシリーズで構成

暗算で買い物計算ができるまでの過程をシリーズで構成しています。

ポイント2
暗算で買い物計算ができるまでに必要な単元を抜粋

　1年生～3年生までで，暗算で買い物計算ができるために必要な単元を抜粋し，取り組めるようにしています。

ポイント3
教科書を基軸にしながら，多様な指導法を掲載

　教科書の単元に沿いつつ，個に応じた指導に対応できる様々な指導法を載せています。

ポイント4
子どもにも分かりやすいように解き方を解説

　図解を入れるなど，視覚的に理解しやすい解説を掲載していますので，子どもによっては，自学できることもあります。（基本的には，教師（指導者）が指導資料として活用することをおすすめしています。）

ポイント5
多様な指導法をもとにした詳細なステップアップワークシートを掲載

　詳細なステップを設定した多くのワークシートを掲載しています。何度もコピーして使用することができ，ワークシートに取り組み方の例を掲載しているものもあります。

ポイント6
「たす・ひく」アプリとの併用により，学習効果が期待できる

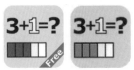

　アプリには，学びを行う「学習コーナー」と，学んだことをどれだけ習得しているかをチェックできる「計算ゲームコーナー」があります。無料版（一部使用できない部分あり）と 有料版（ワンコインランチ以下の金額ですべてが使える）があります。有料版は，一度ダウンロードすれば，月々の支払いは，不必要です。（iOS版・Android版の両方ともあります。）

ポイント7
詳細な「学習指導計画・チェックリスト」

　系統的・計画的に学習・チェックできるように，巻末には詳細な「学習指導計画・チェックリスト」を掲載しています。

大江　浩光

【お願い・注意】
・本書は，子どもの実態に応じ，補助資料として内容を取捨選択してご活用ください。
・子どもへ指導する際のコピー配布はOKです。子どもの実態に応じて，適宜拡大コピーをしてご使用ください。指導者間で本書をコピーしたり，書籍・雑誌等に無断転載することは，著作権に触れますので，おやめください。

もくじ

巻頭言 ―どの子も伸びる　主体的・対話的で深い学びの実現―　菊池省三　3
まえがき　4

第1章 「主体的・対話的で深い学び」の視点に立った計算指導

1 「主体的・対話的で深い学び」の視点に立った指導 …………………… 10
2 計算指導の単元のポイント …………………………………………………… 11

第2章 数の基礎トレーニング

1 ブロック遊びから始める ……………………………………………………… 14
2 数の多い・少ないをとらえる（1〜5まで）………………………………… 14
　　ワーク　数の多い・少ない（1〜5）……………………………………… 15
3 数を正しく読む ………………………………………………………………… 19
　(1) 1〜5までの数の読み方・6〜10までの数の読み方 ………………… 19
　(2) 1〜5までの数の概念 …………………………………………………… 21
　　　ワーク　1〜5までの数の読み方と概念 ……………………………… 21
　　　　　　　1〜5までの数の読み方・数え方〔単位がつくとき〕…… 22
　　　　　　　1〜5までの数字の書き方 …………………………………… 23

　　COLUMN 楽しみながら学ぶ！　タイルつきサイコロ ………………… 24

　(3) 6〜10までの数の概念 …………………………………………………… 25
　　　ワーク　6〜10までの数の読み方と概念 …………………………… 25
　　　　　　　6〜10までの数の読み方・数え方〔単位がつくとき〕… 26
　　　　　　　6〜10までの数字の書き方 ………………………………… 28
　　　　　　　0の読み方・概念・書き方 ………………………………… 28

4　数の多い・少ないをとらえる（6～10まで） ……………………… 29
　　✏ワーク　数の多い・少ない（6～10） …………………………… 29

5　いくつといくつ ……………………………………………………… 37
　　✏ワーク　いくつといくつ ………………………………………… 37

6　10になる組み合わせ早覚え表の活用 ……………………………… 41
　　COLUMN　アプリとフラッシュカードで覚える ………………… 42

第3章　くり上がり・くり下がりのない たし算・ひき算にチャレンジ

くり上がり・くり下がりのないたし算・ひき算の指導法＆問題づくり ……… 48
　(1)　具体物（ブロックなど）を用いた指導法―たし算 ……………… 49
　　✏ワーク　たしざんのもんだいづくり〔あわせていくつ〕 ……… 53
　　　　　　　たしざんのもんだいづくり〔ふえるといくつ〕 ……… 54
　　　　　　　たしざんのぶんしょうもんだい …………………… 55

　(2)　2段階式学習法一覧表による指導法―たし算 …………………… 56
　(3)　イメージ記憶法を用いた指導法―たし算 ……………………… 59
　　✏ワーク　こたえが5までのたしざん〔数式＋記号〕①② ……… 66
　　　　　　　こたえが5までのたしざん〔数式〕①② …………… 67
　　　　　　　0のたしざん ……………………………………… 68
　　　　　　　くりあがりのないたしざんチェックプリント①② ……… 69

　(4)　具体物（ブロックなど）を用いた指導法―ひき算 ……………… 71
　　✏ワーク　ひきざんのもんだいづくり ………………………… 75
　　　　　　　ひきざんのぶんしょうもんだい ………………… 76

　(5)　2段階式学習法一覧表による指導法―ひき算 …………………… 77

(6) イメージ記憶法一覧表を用いた指導法―ひき算 ………………………………… 81

- ✏️ワーク　ひかれるかずが5よりちいさいひきざん〔数式＋記号〕①② …… 87
　　　　　ひかれるかずが5よりちいさいひきざん〔数式〕①② ………………… 88
　　　　　ひかれるかずが6〜10のひきざん ………………………………………… 89
　　　　　0のひきざん ………………………………………………………………… 90
　　　　　くりさがりのないひきざんチェックプリント①② ……………………… 91

第4章　くり上がり・くり下がりのない2桁を含むたし算・ひき算にチャレンジ

- ✏️ワーク　10と□でいくつ〔タイルつき〕 ……………………………………… 94
　　　　　10と□でいくつ〔お金つき〕 ……………………………………………… 95
　　　　　10と□でいくつ〔文のみ〕 ………………………………………………… 96
　　　　　どちらがおおきい〔お金つき〕 …………………………………………… 97
　　　　　どちらがおおきい〔数のみ〕 ……………………………………………… 98
　　　　　かずのじゅんばん …………………………………………………………… 99
　　　　　くりあがりのない2けた＋1けた〔タイルつき〕 …………………… 100
　　　　　くりあがりのない2けた＋1けた〔お金つき〕 ……………………… 101
　　　　　くりあがりのない2けた＋1けた〔数式のみ〕 ……………………… 102
　　　　　くりさがりのない2けた－1けた〔タイルつき〕 …………………… 103
　　　　　くりさがりのない2けた－1けた〔お金つき〕 ……………………… 104
　　　　　くりさがりのない2けた－1けた〔数式のみ〕 ……………………… 105

解答　106
付録　学習指導計画・チェックリスト　110
あとがき　111

第1章

「主体的・対話的で深い学び」の視点に立った計算指導

「主体的・対話的で深い学び」の視点に立った指導

平成28年12月21日に公表された「幼稚園，小学校，中学校，高等学校及び特別支援学校の学習指導要領等の改善及び必要な方策等について（答申）」には，「主体的・対話的で深い学び」について次のように記されています。

① 「主体的な学び」について

　学ぶことに興味や関心をもち，自己のキャリア形成の方向性と関連付けながら，見通しを持って粘り強く取り組み，自己の学習を振り返って次につなげる「主体的な学び」が実現できているか。

② 「対話的な学び」について

　子供同士の協働，教職員や地域の人との対話，先哲の考え方を手掛かりに考えること等を通じ，自己の考えを広げ深める「対話的な学び」が実現できているか。

③ 「深い学び」について

　習得・活用・探究という学びの過程の中で，各教科の特質に応じた「見方・考え方」を働かせながら，知識を相互に関連付けてより深く理解したり，情報を精査して考えを形成したり，問題を見いだして解決策を考えたり，思いや考えを基に創造したりすることに向かう「深い学び」が実現できているか。

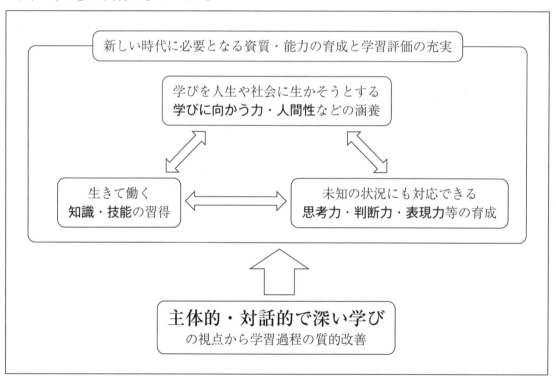

④特別支援教育における「主体的・対話的で深い学び」とは

　「主体的な学び」……子供の学びに対する意欲を刺激するため，何を目的として学習をするかを明確にします。その目的達成のために，詳細なステップと個に応じた多様な指導法を用いることにより，「やるぞ」「できた」という意欲化と達成感が生まれ，それらが主体的な学びへとつながります。

　「対話的な学び」……個々の実態に応じた教材を通して，子供同士や教師とのコミュニケーションを図ることにより，新たな考えに気づいたり，自分の考えを妥当なものにしたりすることが対話的な学びへとつながります。

　「深い学び」…………単に知識や技能を習得するだけでなく，「社会における自立」へとつながるための知識や技能を取捨選択し，習得することが深い学びへとつながります。

2　計算指導の単元のポイント

　子どもたちが自立し，社会参加するためには，暗算で買い物計算ができることがポイントになります。そのために，主に教科書（学校図書版教科書の場合）の以下の単元に重点をおいた指導計画で学習を進めます。

〈1年生の算数単元〉
　「10までのかず」
　「いくつといくつ」
　「たしざん(1)」
　「ひきざん(1)」
　「10よりおおきいかず」
　「たしざん(2)」
　「ひきざん(2)」
　「20よりおおきいかず」

〈2年生の算数単元〉
　「1000までの数」
　「たし算のひっ算」
　「ひき算のひっ算」

〈3年生の算数単元〉
　「たし算とひき算」

　これらの単元を学習した後，「買い物計算に必要な計算法・学習プリント」（「支払い算プリント」，「本能式ねだん合計法プリント」，「本能式おつり計算法プリント」）と「買い物シミュレーション」に取り組むことにより，実践の場で，暗算で買い物計算ができる可能性を高めます。（他の単元を行わないというわけではありません。主に上記の12単元を学習した後，残りの単元を学習したり，並行して行ったりします。）

第2章

数の基礎トレーニング

ブロック遊びから始める

いきなり数字から始めると，混乱する子どもも現れます。

まずは，ブロック（具体物）などを使って，重ねたり，並べたりし，遊ぶことから始めましょう。子どもたちに「ブロックは，楽しいもの」という感覚を感じさせましょう。

「すごいね」「上手だね」などと，たくさんほめましょう。

・誤飲を防ぐため，ある程度の大きさのブロックを使用しましょう。
・意図的に後の学習で使用する10の束も入れてあります。

数の多い・少ないをとらえる（1～5まで）

まずは，同じ形の具体物（果物，ブロックなど）を使って「多い・少ない」の学習をしましょう。この段階では，感覚的な量感を育てるため，5までの数で行います。後々の学習展開を考えて，ドミノブロックを使用するとよいでしょう。

〔指示例〕 ①「多い方のブロックを取って，先生にください」
　　　　　②「少ない方のブロックを取って，先生にください」

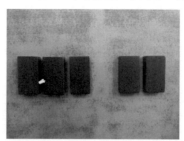

ポイント

最初は，多い方のブロック数が3個までを行います。それができるようになったら，次に，多い方のブロック数が5個までを行います。まずは，3までの数をしっかり指導することが大切です。最初から，一気に10までの数を指導すると，習得に時間がかかったり，つまずくことが多くなります。

 **数の多い・少ない（1〜5）**

ポイント　問題文を読み上げ，例題で示し，数の多い方や少ない方に色を塗ったり，まるで囲んだり，指さしをしたりさせます。

------〔 切り取り線 〕------

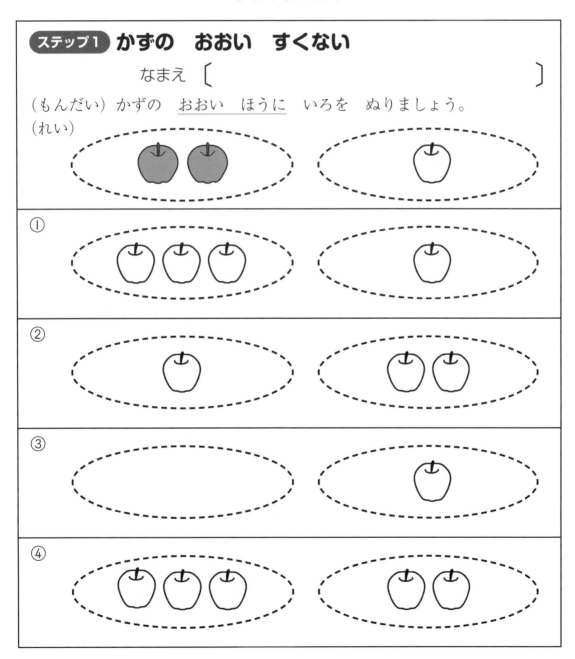

ステップ2　かずの　おおい　すくない

なまえ〔　　　　　　　　　　　〕

（もんだい）かずの　すくない　ほうに　いろを　ぬりましょう。
（れい）

①

②

③

④

ステップ3　かずの　おおい　すくない

なまえ〔　　　　　　　　　〕

(もんだい) かずの　おおい　ほうに　いろを　ぬりましょう。

(れい)

①

②

③

④

ステップ4 かずの おおい すくない

なまえ 〔　　　　　　　　　　　　　〕

（もんだい）かずの すくない ほうに いろを ぬりましょう。
（れい）

①

②

③

④

数を正しく読む

(1) 1〜5までの数の読み方・6〜10までの数の読み方

0から10までの数を正しく読めますか？

$$0, 1, 2, 3, 4, 5, 6, 7, 8, 9, 10$$

単位をつけずに数を読むときは，
0（れい），1（いち），2（に），3（さん），4（し），5（ご），6（ろく），7（しち），8（はち），9（く），10（じゅう）
と言います。0（ぜろ）は，英語の読み方です。

ここでは，様々な数の読み方を紹介します。数は，単位がつく場合とつかない場合では，読み方が違ってきます。また，つく単位によっても違ってくることがあります。

〔様々な数の読み方〕

例1 単位がつかないとき	例2 「〜個」がついたとき	例3 「〜円」がついたとき	例4 「〜時」がついたとき
1（いち）	1個（いっこ）	1円（いちえん）	1時（いちじ）
2（に）	2個（にこ）	2円（にえん）	2時（にじ）
3（さん）	3個（さんこ）	3円（さんえん）	3時（さんじ）
4（し）	4個（よんこ）	4円（よえん）	4時（よじ）
5（ご）	5個（ごこ）	5円（ごえん）	5時（ごじ）
6（ろく）	6個（ろっこ）	6円（ろくえん）	6時（ろくじ）
7（しち）	7個（ななこ）	7円（ななえん）	7時（しちじ）
8（はち）	8個（はちこ）	8円（はちえん）	8時（はちじ）
9（く）	9個（きゅうこ）	9円（きゅうえん）	9時（くじ）
10（じゅう）	10個（じっこ）	10円（じゅうえん）	10時（じゅうじ）

「4」「7」「9」「10」に注目して指導します。
①単位がつかない数の読み方を練習する。
②「〜個」「〜円」など，日常生活でよく使われる数の読み方を練習する。
「8個」の言い方は，「はちこ」とも「はっこ」とも両方使いますが，少しでも学習量を減らすため，最初は，「はちこ」と言わせましょう。慣れてくれば，「はっこ」でもOKです。

また，複数の読み方を教えると混乱しそうな場合は，②から始めてもよいでしょう。

〔「～個」と「～円」の数の読み方〕

「～個」という単位が ついたときの読み方	「～円」という単位が ついたときの読み方
1個（いっこ）	1円（いちえん）
2個（にこ）	2円（にえん）
3個（さんこ）	3円（さんえん）
4個（よんこ）	4円（よえん）
5個（ごこ）	5円（ごえん）
6個（ろっこ）	6円（ろくえん）
7個（ななこ）	7円（ななえん）
8個（はちこ）	8円（はちえん）
9個（きゅうこ）	9円（きゅうえん）
10個（じっこ）	10円（じゅうえん）
11個（じゅういっこ）	11円（じゅういちえん）
12個（じゅうにこ）	12円（じゅうにえん）
13個（じゅうさんこ）	13円（じゅうさんえん）
14個（じゅうよんこ）	14円（じゅうよえん）
15個（じゅうごこ）	15円（じゅうごえん）
16個（じゅうろっこ）	16円（じゅうろくえん）
17個（じゅうななこ）	17円（じゅうななえん）
18個（じゅうはちこ）	18円（じゅうはちえん）
19個（じゅうきゅうこ）	19円（じゅうきゅうえん）
20個（にじっこ）	20円（にじゅうえん）

　日常生活でよく使わせているこの2種類の読み方（「～個」「～円」）を覚えることができれば，いろいろな単位がついた数の読み方をカバーすることができます。
　2種類の読み方の違う部分にアンダーラインを引いています。このアンダーラインを引いている文字を意識して覚えさせることが大切です。
　また，数の概念学習をする際には，タイルなどの具体物を用います。発問する際は「何個ありますか？」というように，意図的に「個」を用いた学習からスタートさせましょう。

⑵ 1〜5までの数の概念

〔具体物を使った指導例〕

　ドミノブロックを使って「〜個取ってください」と言い，指示したドミノブロックが取れる能力をつけます。子どもがドミノブロックに興味を示さないときは，その子どもが好きなキャラクターのシール（同一のもの）をこのブロックに貼るとよいでしょう。

①まずは，3までの数の概念を習得させる。

　3個のドミノブロックを提示した状態で「1個取ってください」「2個取ってください」「3個取ってください」と指示をします。

②3までの数の概念が習得できたら，同じように5までの数の概念を習得させる。

✎ ワーク　1〜5までの数の読み方と概念

〔1の場合の指示例〕

　「数のお勉強をしましょう」

　（リンゴの絵を指さしながら）

　「『いっこ』と言います。それでは，指でさして，『いっこ』と言ってみましょう」

------------------------------------〔　切り取り線　〕------------------------------------

 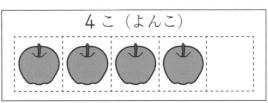

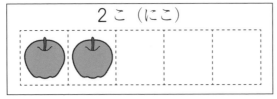 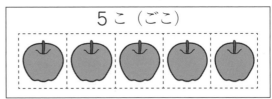

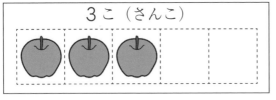

ワーク 1〜5までの数の読み方・数え方〔単位がつくとき〕

リンゴを ひとつずつ ゆびで さしながら,「いっこ」,「にこ」,「さんこ」
……と いうように, かずの さいごに「〜こ」を つけて, かぞえましょう。

いっ（こ） ↓1	🍎
に（こ） ↗2	🍎 🍎
さん（こ） ↗3	🍎 🍎 🍎
よん（こ） ↙4	🍎 🍎 🍎 🍎
ご（こ） ↓5	🍎 🍎 🍎 🍎 🍎

〔もんだい〕

リンゴは, なんこ あるでしょうか？
ひとつずつ ゆびで さしながら,「いっこ」,「にこ」, …と
かぞえましょう。

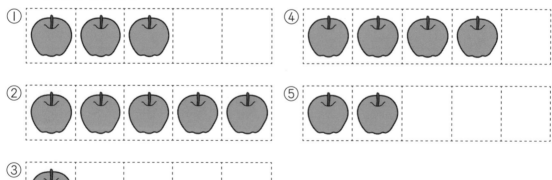

ワーク 1〜5までの数字の書き方

ひだりから じゅんに すうじを かきましょう。

🍎	1	1				
🍎🍎	2	2				
🍎🍎🍎	3	3				
🍎🍎🍎🍎	4	4				
🍎🍎🍎🍎🍎	5	5				

楽しみながら学ぶ！　タイルつきサイコロ

> 表記される数とタイルが3までや5までのサイコロを用いて，すごろくゲームをしたり，数当てゲームをしたりしながら，楽しく数の概念を習得します。

※すごろくゲームは，算数セットに入っているものや，拙著『ひらがな完全習得ワーク』（学事出版）に掲載しているすごろくシートを活用するとよいです。

※6～10までの数サイコロは，「ワーク　6～10までの数字の書き方」（28ページ）終了後，使用してください。

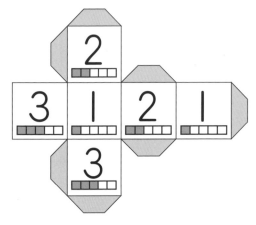

〔1～3までの数サイコロ型紙〕

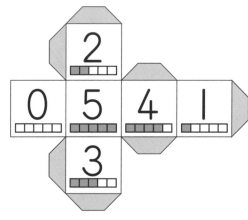

〔0～5までの数サイコロ型紙〕

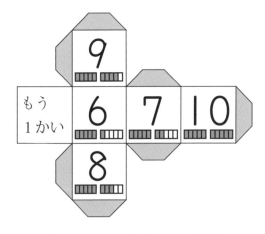

〔6～10までの数サイコロ型紙〕

(3) 6～10までの数の概念

〔具体物を使った指示例〕

（10個のドミノブロックを子どもの前に提示した状態で）

「先生が，『6個取ってください』とか，『7個取ってください』とか言いますので，言われた数のブロックを取って，先生にください」

最初は，教師が模範を見せることが大切です。1個，2個と一つずつ数えながら取ってもよいですが，5の束を基準にして，6～10までを数えると，便利であることを教えましょう。10個のドミノブロックを提示する際，1～5までは，まとまった形で提示します。

ワーク 6～10までの数の読み方と概念

〔6の場合の指示例〕

「数のお勉強をしましょう」

（リンゴの絵を順番に指さしながら）

「『いっこ』，『にこ』，『さんこ』，『よんこ』，『ごこ』，『ろっこ』。全部で『ろっこ』と言います。それでは，同じようにやってみましょう」

------［ 切り取り線 ］------

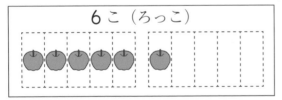

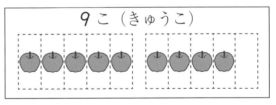

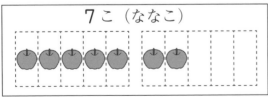

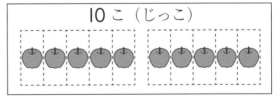

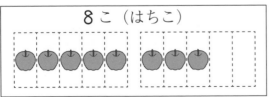

ワーク　6〜10までの数の読み方・数え方〔単位がつくとき〕

　リンゴを　ひとつずつ　ゆびで　さしながら,「ろっこ」,「ななこ」,「はちこ」,……と,「こ」を　つけて,かぞえましょう。

ろっ（こ） 6	🍎🍎🍎🍎🍎🍎
なな（こ） 7	🍎🍎🍎🍎🍎🍎🍎
はち（こ） 8	🍎🍎🍎🍎🍎🍎🍎🍎
きゅう（こ） 9	🍎🍎🍎🍎🍎🍎🍎🍎🍎
じっ（こ） 10	🍎🍎🍎🍎🍎🍎🍎🍎🍎🍎

〔もんだい〕
リンゴは，なんこ あるでしょうか？
ひとつずつ ゆびで さしながら，「いっこ」，「にこ」，……と かぞえましょう。

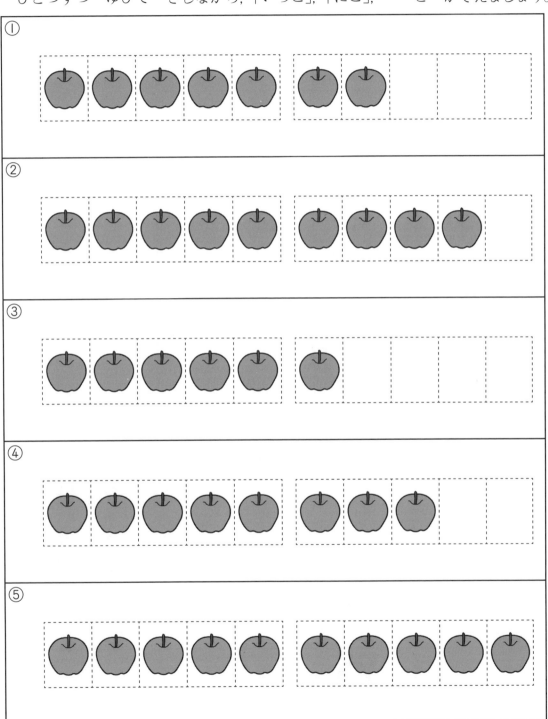

6〜10までの数字の書き方

ひだりから じゅんに すうじを かきましょう。

🍎	6	6			
🍎🍎	7	7			
🍎🍎🍎	8	8			
🍎🍎🍎	9	9			
🍎🍎🍎🍎	10	10			

0の読み方・概念・書き方

「ないこと」を あらわす かずの なまえを 「れい」と いい,「0」と かきます。

〔もんだい〕

かごの なかに むしさんが なんびき はいって いるでしょうか。

なにも はいって いないので, こたえは, <u>0</u> ひきです。

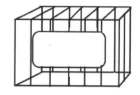

〔0のかきかた〕

| | 0 | 0 | | | |

4 数の多い・少ないをとらえる（6〜10まで）

・多い方や少ない方に色を塗ったり，まるで囲んだり，指さししたりさせます。子どもの実態に沿って，対応してください。
・「最大の個数が10まで」のプリントを行います。
・問題文を読み上げたり，例題で示したりします。

ワーク　数の多い・少ない（6〜10）

------------------------------〔 切り取り線 〕------------------------------

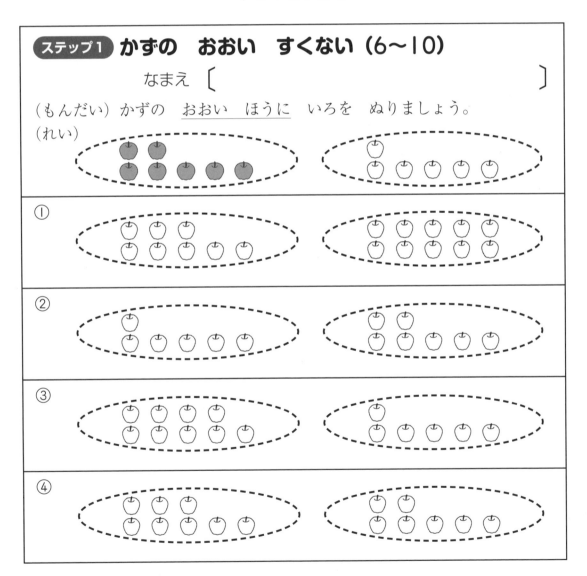

ステップ2 かずの おおい すくない (6〜10)

なまえ〔　　　　　　　　　　〕

(もんだい) かずの おおい ほうに いろを ぬりましょう。

(れい)

①

②

③

④

ステップ3 **かずの おおい すくない（6〜10）**

なまえ〔　　　　　　　　　　〕

（もんだい）かずの すくない ほうに いろを ぬりましょう。

（れい）

①

②

③

④

ステップ4 かずの おおい すくない (6〜10)

なまえ〔　　　　　　　　　〕

(もんだい) かずの すくない ほうに いろを ぬりましょう。
(れい)

①

②

③

④

ステップ5 6〜10までの かずの おおい すくない

なまえ 〔　　　　　　　　　　　〕

（もんだい）えを みて かずを かぞえて すうじを □に かきましょう。
　　　　　かずの おおい ほうの すうじに ○を つけましょう。

(れい)

⑦　　6

①

②

ステップ6　6〜10までの　かずの　おおい　すくない

なまえ〔　　　　　　　　　　　〕

（もんだい）えを　みて　かずを　かぞえて　すうじを　□に　かきましょう。
かずの　おおい　ほうの　すうじに　○を　つけましょう。

（れい）

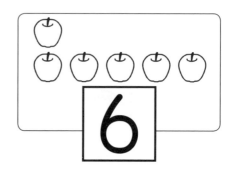

①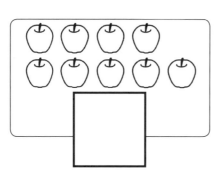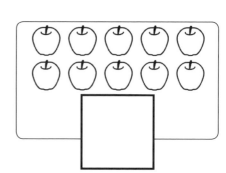

②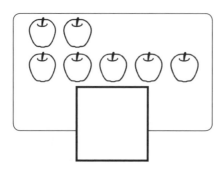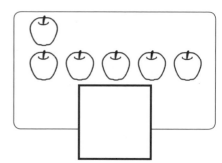

ステップ7　6〜10までの　かずの　おおい　すくない

なまえ〔　　　　　　　　　　　　　〕

（もんだい）えを　みて　かずを　かぞえて　すうじを　□に　かきましょう。
　　　　　　かずの　すくない　ほうの　すうじに　○を　つけましょう。

（れい）

6　　　**9**

①

②

ステップ8　6〜10までの　かずの　おおい　すくない

なまえ〔　　　　　　　　　　　　　　　〕

（もんだい）えを　みて　かずを　かぞえて　すうじを　□に　かきましょう。
　　　　　　かずの　<u>すくない</u>　ほうの　すうじに　○を　つけましょう。

（れい）

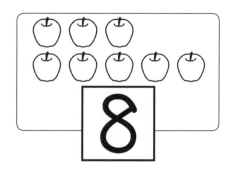

①

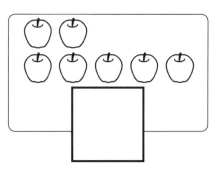
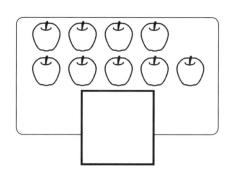

②

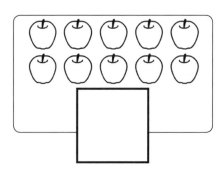
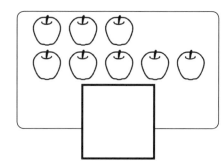

5 いくつといくつ

数の分解や合成をし，たし算やひき算が速く計算できるようになるためには，「いくつといくつ」が，できるだけ速く言えるようになることが大切です。
「くり上がり」や「くり下がり」のある計算の際に使います。
「5は，1と4，2と3，3と2，4と1」と声に出して覚えます。

ワーク　いくつといくつ

------〔 切り取り線 〕------

ステップ1　いくつといくつ　はやおぼえひょう

① 2は，いくつといくつ
　　「2は，1と（　）」

② 3は，いくつといくつ
　　「3は，1と（　），2と（　）」
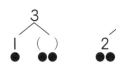

③ 4は，いくつといくつ
　　「4は，1と（　），2と（　），3と（　）」
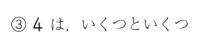

④ 5は，いくつといくつ
　　「5は，1と（　），2と（　），3と（　），4と（　）」

⑤ 6は，いくつといくつ
　　「6は，1と（　），2と（　），3と（　），4と（　），5と（　）」

⑥ 7は, いくつといくつ
「7は, 1と( ), 2と( ), 3と( ), 4と( ), 5と( ), 6と( )」

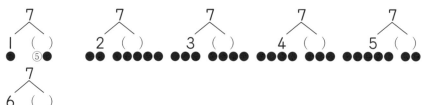

⑦ 8は, いくつといくつ
「8は, 1と( ), 2と( ), 3と( ), ……7と( )」

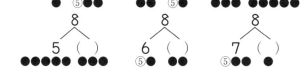

⑧ 9は, いくつといくつ
「9は, 1と( ), 2と( ), 3と( ), ……8と( )」

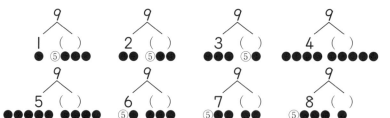

⑨ 10は, いくつといくつ
「10は, 1と( ), 2と( ), 3と( ), ……9と( )」

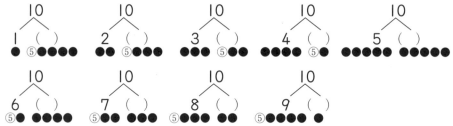

ステップ2 いくつといくつ　はやおぼえひょう

① 2 は, いくつといくつ
「2 は, 1 と ( )」

② 3 は, いくつといくつ
「3 は, 1 と ( ), 2 と ( )」

③ 4 は, いくつといくつ
「4 は, 1 と ( ), 2 と ( ), 3 と ( )」

④ 5 は, いくつといくつ
「5 は, 1 と ( ), 2 と ( ), 3 と ( ), 4 と ( )」

⑤ 6 は, いくつといくつ
「6 は, 1 と ( ), 2 と ( ), 3 と ( ), 4 と ( ), 5 と ( )」

⑥ 7 は, いくつといくつ
「7 は, 1 と ( ), 2 と ( ), 3 と ( ), 4 と ( ), 5 と ( ), 6 と ( )」

⑦ 8 は, いくつといくつ
「8 は, 1 と ( ), 2 と ( ), 3 と ( ), ……7 と ( )」

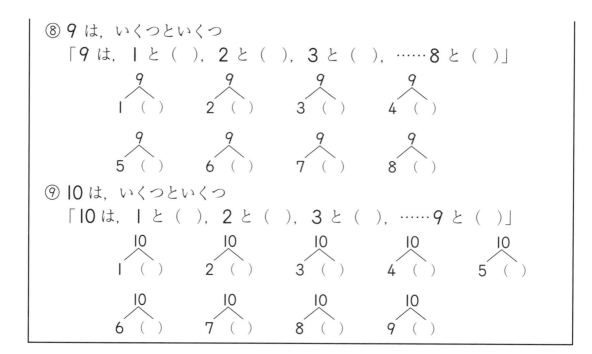

【記録用紙】		
1回目	分	秒
2回目	分	秒
3回目	分	秒
4回目	分	秒

【新記録専用用紙】		
新記録	分	秒
新記録	分	秒
新記録	分	秒
新記録	分	秒

「たす・ひく」アプリ（42ページ～参照）の「単語カード学習」にも，「いくつといくつ」が入っています。本アプリを家庭とも連携して取り組むことで，より一層学力の向上や定着が期待できます。

6 10になる組み合わせ早覚え表の活用

　私は，朝の会の一つの活動として行っています。拡大して，教室などに掲示し，活用してください。

〔ステップ1・2〕の読み方やポイント

・「10は『きゅ～，い』9と1，『は～，に』8と2……」と唱えます。
・「ター・タン」のリズムで，「きゅ～，い」の場合，「きゅ～」を伸ばし，「い」を短く言います。リズミカルに言わせましょう。

〔ステップ3〕をみんなで言うときのポイント

　「10は，9と1，8と2，7と3，……1と9」とリズミカルに言わせましょう。

〔10になる組み合わせ早覚え表〕

〔覚え方の例〕
10は，9と1　（キュー・イ）　……　くだものの「キューイ」（キウイ）
10は，8と2　（ハ　・ニー）　……　英語の「ハニー」
10は，7と3　（な　・み）　……　アニメに出てくる人物「なみ」
10は，6と4　（む　・し）　……　昆虫の呼び名「むし」
10は，5と5　（ゴー・ゴー）　……　行け行けゴーゴーの「ゴー，ゴー」
10は，4と6　（し　・ろ）　……　色の「しろ」
10は，3と7　（み　・な）　……　全員を意味する「みな」
10は，2と8　（ニ　・ヤー）　……　ネコの鳴き声「ニャー」
10は，1と9　（い　・く）　……　どこかに「いく」

〔10になる組み合わせ早覚え掲示板〕

〔ステップ1〕	〔ステップ2〕	〔ステップ3〕
10は，（キュー・イ）　9と1	10は，（キュー・イ）　9と（　）	10は，9と（　）
10は，（ハ　・ニー）　8と2	10は，（ハ　・ニー）　8と（　）	10は，8と（　）
10は，（な　・み）　7と3	10は，（な　・み）　7と（　）	10は，7と（　）
10は，（む　・し）　6と4	10は，（む　・し）　6と（　）	10は，6と（　）
10は，（ゴー・ゴー）　5と5	10は，（ゴー・ゴー）　5と（　）	10は，5と（　）
10は，（し　・ろ）　4と6	10は，（し　・ろ）　4と（　）	10は，4と（　）
10は，（み　・な）　3と7	10は，（み　・な）　3と（　）	10は，3と（　）
10は，（ニ　・ヤー）　2と8	10は，（ニ　・ヤー）　2と（　）	10は，2と（　）
10は，（い　・く）　1と9	10は，（い　・く）　1と（　）	10は，1と（　）

アプリとフラッシュカードで覚える

　具体物（ブロックなど）を使って，一個一個数え，量感を鍛えることは，大切です。しかし，いつまでも具体物に頼っていては，計算領域にスムーズに移ることが困難になってきます。

　そこで，必要となってくるのが，視覚による空間認識です。0から10までのタイルなどを一瞬で認識する力です。その際，5の枠や10の枠を用いることにより，枠内にある模様などの部分と空白部分との関係で，数量関係を習得することができます。

　例えば，5の枠を使った場合，その枠の中が3ます塗りつぶされていれば，残りの2ますからも3と認識することができます。すなわち，この学習をすることで「5は，3と2」という「いくつといくつ」と同じような学習ができます。

　空間認識力を鍛えるためには，「たす・ひく」アプリ（フリー版・無料）と「フラッシュカード」が有効です。

　「たす・ひく」アプリ（フリー版・無料）を使った学習は，10までのタイルの認識ゲームを通して競争しながら楽しく学習することができます。

　フラッシュカード学習は，カードを一瞬だけ見せて，そのカードが何だったかを当てるものです。子どもたちは，集中して取り組みます。

1　「たす・ひく」アプリで覚える

　「たす・ひく」アプリを「App Store」や「Google Play」からダウンロードしてください。（iOS や Android の端末（携帯・タブレット）には対応。Windows の端末には非対応です。）

〔特徴〕
・楽しく，指を使わなくても，物の数を一瞬で認識することができるようになります。
・「単語カード学習」と「計算ゲーム学習」の2本立てで学習ができます。

● 「計算ゲーム学習」の流れ

① 「STEP 1 GAME」（タイル）のスピード「ゆっくり」を選択して，行います。「ゆっくり」を選択し，3位（銅）になれば，一瞬で数を認識する力が身についたと評価できます。また，上位を目指したり，「ふつう」や「はやい」などのレベルにチャレンジすることで，さらなる能力向上を図ることができます。

② スピード「ゆっくり」で所定の力がついたとみなすには，100秒間に22問正答しなければなりません。このゲームがチェックテストの役目も果たしますので，見届けが可能です。

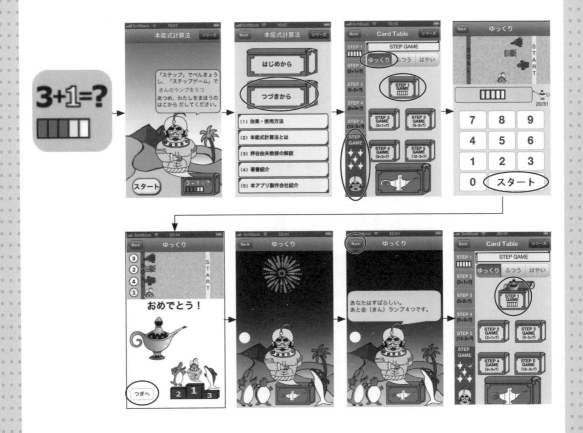

●「単語カード学習」の流れ
①ステップ1～3までをカードを右から左にスワイプし，数式と答えを声に出し行います。
②ステップ4は，数式だけの問題で，チャレンジするごとに出題順が変わります。

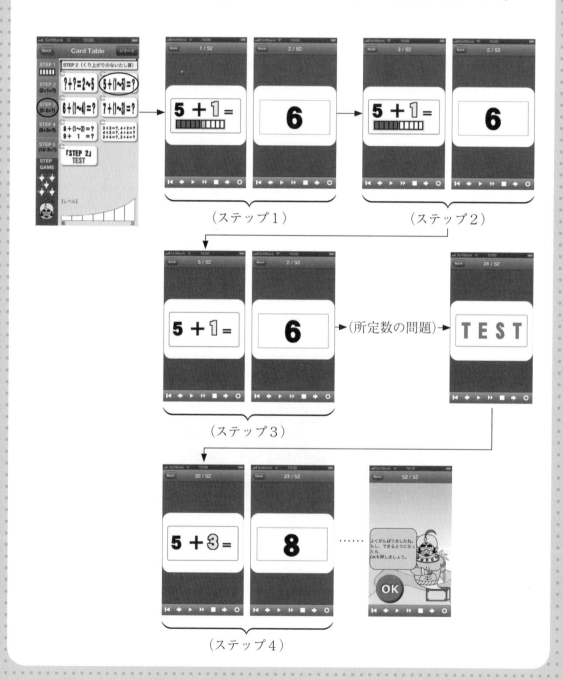

2 フラッシュカードで覚える

〔指示言葉例〕
　「先生が，０こから５こまでのリンゴが描かれているカードをさっと見せ，さっと隠します。リンゴがいくつか，当てましょう」

〔ポイント〕
　最初に，リンゴは０～５個までのカードの学習をします。この学習で，ある程度（1.5秒以内の提示）のスピードで認識することができるまでは，次のリンゴが６～10個までのカード学習には進まないようにしましょう。

〔フラッシュカード〕
　拡大し，使いやすいように厚紙に貼り付け，活用してください。

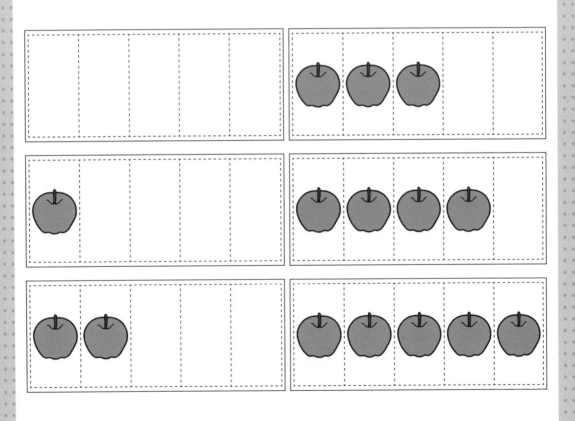

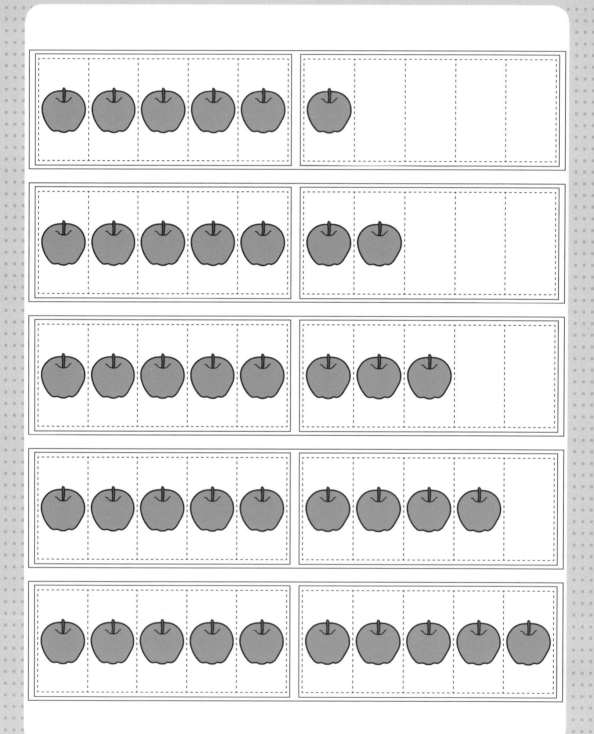

第3章

くり上がり・くり下がりのないたし算・ひき算にチャレンジ

くり上がり・くり下がりのないたし算・ひき算の指導法&問題づくり

　くり上がり・くり下がりのないたし算・ひき算には，教科書に基づいた方法や，教科書の方法を少しアレンジした方法，感覚的に分かりやすい方法など，多様な方法があります。教科書に掲載している指導法を基軸にしながら，個々の実態に応じて，その子が取り組みやすい方法を選択したり，組み合わせたりすることが大切です。

　主な指導法には，次のようなものがあります。

①教科書に掲載している指導法

　教科書に掲載している最も基本的な指導法です。

②具体物（ブロックなど）を用いた指導法

③２段階式学習法一覧表を用いた指導法（56・77ページ）

　「いち　たす　いち　は　に」（第１段階），「いち　たす　いち　は　に」（第２段階）と声に出しながら，聴覚からのインプットと視覚からのインプット（タイルが残像として残る効果）を利用した学習方法です。

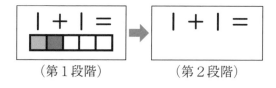

④「たす・ひく」アプリを用いた指導法（42ページ）

⑤イメージ記憶法を用いた指導法（59・81ページ）

(1) **具体物（ブロックなど）を用いた指導法―たし算**
〔あわせて　いくつは，たしざん〕

かには，あわせて　なんびきに　なるでしょうか。

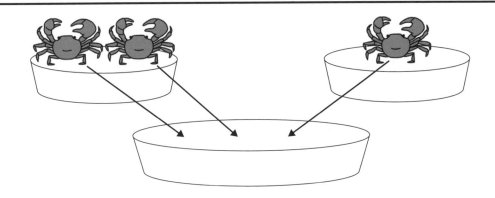

2と　1を　あわせると，3に　なります。

(しき)　2 ＋ 1 ＝ 3

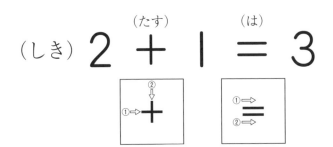

こたえ　3びき

ポイント

2＋1＝3　も　2＋1　も　しきです。
「＝」を　つけた　ときは，こたえの　「3」も　かきます。

〔指導のポイント〕
　ブロックとスライドして使える板をセットで使用することにより，感覚的に理解できます。

〔あわせて いくつは, たしざん〕

3＋2の しきに なる もんだいを つくりましょう。

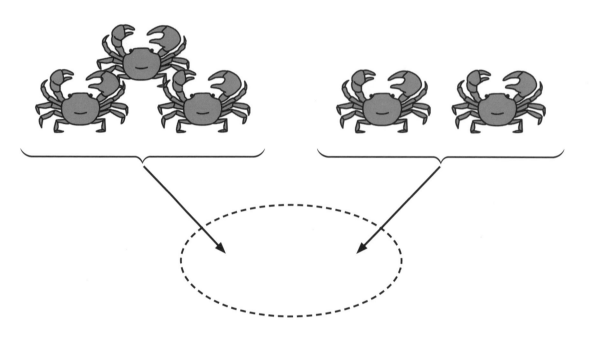

もんだい

☐びきの かにが います。

☐ひきの かにが います。

かには, ☐☐☐☐☐ なんびきに なるでしょうか。

ポイント

「あわせて」や「ぜんぶで」,「みんなで」の どれを つかっても せいかいです。

※もんだいの解答……上から（3）,（2）,（あわせて, ぜんぶで, みんなで）

〔ふえると いくつは, たしざん〕

かえるが, 2ひき います。
1ぴき やってきました。
かえるは, **ぜんぶで** なんびきに なるでしょうか。

2と 1を あわせると, 3に なります。

(しき) 2 ＋ 1 ＝ 3

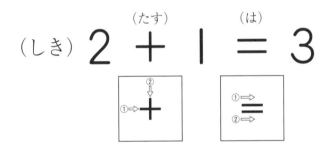

こたえ 3びき

ポイント

2＋1＝3 も 2＋1 も しきです。
「＝」を つけた ときは, こたえの「3」も かきます。

〔指導のポイント〕
　ブロックとスライドして使える板をセットで使用することにより, 感覚的に理解できます。

〔0の たしざん〕

あさ，せみを 2ひき つかまえました。
ひる，せみを つかまえる ことが できませんでした。
せみは，あわせて なんびきでしょうか。

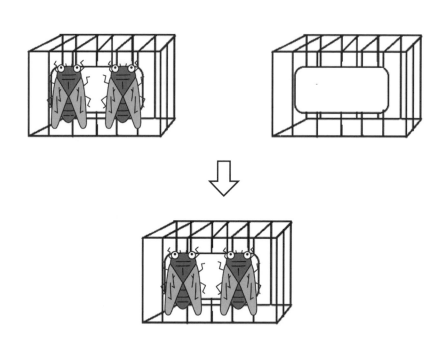

2と 0を あわせると，2に なります。

(しき) 2 + 0 = 2
         (たす) (は)

こたえ 2ひき

ワーク　たしざんのもんだいづくり〔あわせていくつ〕

なまえ	

① 2＋1の しきに なる もんだいを つくりましょう。
　□に かずや ことばを かきましょう。

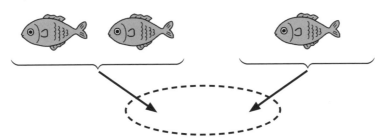

もんだい

　□ひきの　さかなが　います。
　□ぴきの　さかなが　います。
　さかなは，□　なんびきに　なるでしょうか。

② 3＋2の しきに なる もんだいを つくりましょう。
　□に かずや ことばを かきましょう。

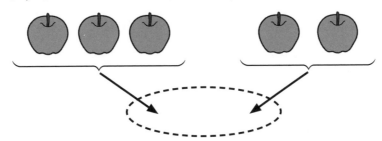

もんだい

　りんごが　□こ　あります。
　りんごが　□こ　あります。
　りんごは，□　なんこに　なるでしょうか。

ワーク　たしざんのもんだいづくり〔ふえるといくつ〕

| なまえ | |

① 1＋2の しきに なる もんだいを つくりましょう。
　　□に かずや ことばを かきましょう。

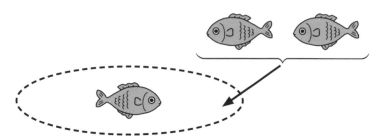

もんだい

さかなが □ぴき およいでいます。
そこに □ひきの さかなが やってきました。
さかなは，□　　　　　なんびきに なるでしょうか。

② 3＋2の しきに なる もんだいを つくりましょう。
　　□に かずや ことばを かきましょう。

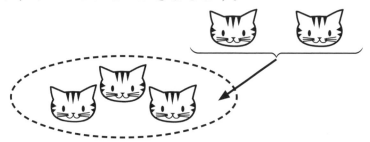

もんだい

ねこが □びき います。
そこに □ひきの ねこが きました。
ねこは，□　　　　　なんびきに なったでしょうか。

ワーク たしざんのぶんしょうもんだい

なまえ	

① 5ひきの かにが います。
2ひきの かにが います。
あわせて なんびきに
なるでしょうか。

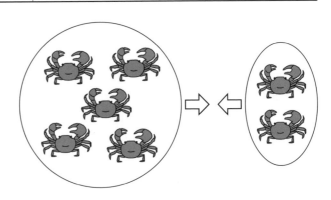

（しき）

こたえ　　　　　ひき

② さかなが 4ひき およいでいます。
そこに 2ひきの さかなが
やってきました。
さかなは，ぜんぶで なんびきに
なるでしょうか。

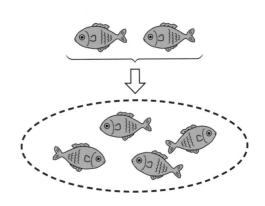

（しき）

こたえ　　　　　ぴき

⑵ 2段階式学習法一覧表による指導法─たし算

　2段階式学習法とは，第1段階では「数式とタイル」，第2段階では「数式」だけを用いて，段階を追って指導する方法です。

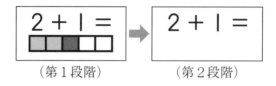

　最初に，第1段階のカードのタイルを見ながら，数式と答えを「に　たす　いち　は　さん」と声に出します。そのとき，解答が正解かどうか，タイルを見てチェックします。

　次に，第2段階のカードも同様に，数式と答えを「に　たす　いち　は　さん」と声に出しながら行います。すると，目と耳を使って情報が入り，計算ができるようになります。

　「くり上がりのないたし算」の2段階式学習法一覧表は，57・58ページに掲載しています。

　なお，単語カード化しての活用も効果的です。

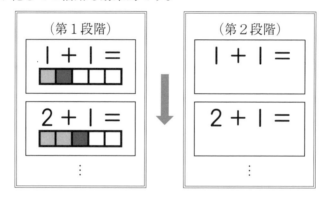

　「たす・ひく」アプリを活用すれば，さらなる学習効果が期待できます。また，家庭と連携して取り組むことにより，子どもの意欲が高まり，定着も進みます。

◉ 2段階式学習法一覧表（くり上がりのないたし算）

【答えが5までのたし算】

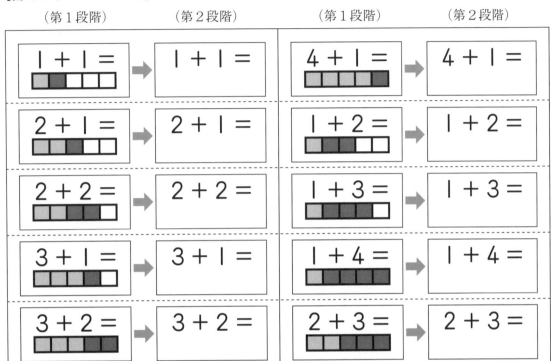

※たし算で，たされる数の方がたす数より小さいときは，たされる数とたす数を置き換えて計算させます。理由は，計算のイメージがしやすいからです。

〈例〉 1 + 4 → 4 + 1, 2 + 5 → 5 + 2

【たされる数が5のたし算】

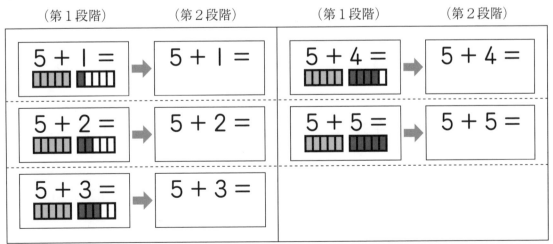

57

【たされる数が6のたし算】

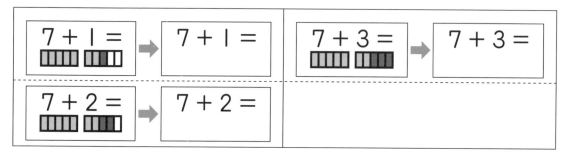

【たされる数が7のたし算】

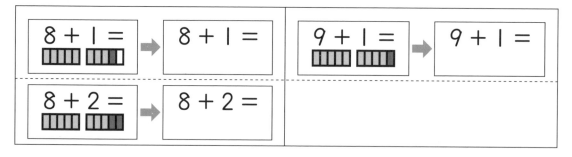

【たされる数が8・9のたし算】

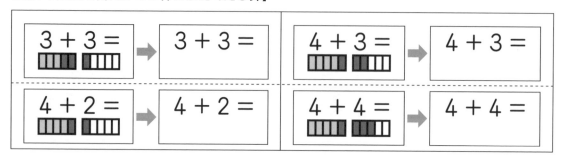

【計算の過程で答えが5の枠をまたぐたし算】

3 + 3 =	→	3 + 3 =		4 + 3 =	→	4 + 3 =
4 + 2 =	→	4 + 2 =		4 + 4 =	→	4 + 4 =

※計算の過程で答えが5の枠をまたぐたし算の問題は、間違いが多くなります。注意して指導することをおすすめします。

(3) イメージ記憶法を用いた指導法―たし算

「イメージ記憶法」とは，数式を丸暗記で覚えるのではなく，最初は数式＋タイルつき＋答え，次は数式＋タイルつき，最後は数式と，3段階のステップを設定することにより，視覚と聴覚から情報をインプットさせることにより，感覚的にくり上がりのないたし算・くり下がりのないひき算ができるようになる指導法です。2段階式学習法一覧表よりも，解答をつけることにより，さらにスモールステップを設定した指導を行えるところが特徴です。同一のたされる数・ひかれる数の計算で分類しています。（ひき算の一覧表は81ページ～に掲載しています。）

◎「イメージ記憶法一覧表」（くり上がりのないたし算・くり下がりのないひき算）の使用方法

3つのステップで構成しています。まずは「ステップ1」のみをすべて行います。その後「ステップ2」のみを行います。最後に，「ステップ3」のみを行います。

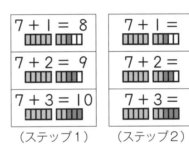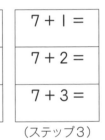

（ステップ1）　（ステップ2）　（ステップ3）

・「ステップ1」では，数式とタイルと答えを表記しています。数式やタイル，答えに注目させ，「なな たす いち は はち」「なな たす に は きゅう」「なな たす さん は じゅう」と，声に出しながら行います。

・「ステップ2」では，数式とタイルを表記しています。数式やタイルに注目させ，「なな たす いち は はち」「なな たす に は きゅう」「なな たす さん は じゅう」と，声に出しながら行います。

・「ステップ3」では，数式のみ表記しています。ステップ1やステップ2の学習を思い出しながら，「なな たす いち は はち」「なな たす に は きゅう」「なな たす さん は じゅう」と，声に出します。

「イメージ記憶法一覧表」を教室に掲示し，算数の時間はもちろんですが，朝の会や帰りの会などでも，歌を歌う感覚で，常時行うことがポイントです。この数式や答えを言う場合は，4は「し」，7は「しち」，9は「く」と言うべきところ，2種類の数唱に対応しづらい子どもに対しては，日常生活でよく使う，4は「よん」，7は「なな」，9は「きゅう」を用いることを認めてもよいでしょう。

特に，視覚優位の子ども，理屈的に考えるのが苦手な子どもにはピッタリの方法です。

〔くり上がりのないたし算〕
イメージ記憶法一覧表〔ステップ１－１〕

【答えが５まで①】　【答えが５まで②】　【たされる数が５】

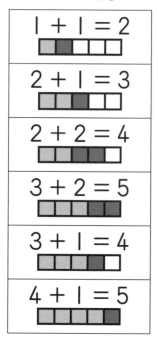
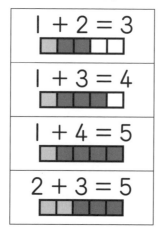

〔くり上がりのないたし算〕
イメージ記憶法一覧表〔ステップ1－2〕

【たされる数が6】

6 ＋ 1 ＝ 7

6 ＋ 2 ＝ 8

6 ＋ 3 ＝ 9

6 ＋ 4 ＝ 10

【たされる数が7】

7 ＋ 1 ＝ 8

7 ＋ 2 ＝ 9

7 ＋ 3 ＝ 10

【たされる数が8】

8 ＋ 1 ＝ 9

8 ＋ 2 ＝ 10

【たされる数が9】

9 ＋ 1 ＝ 10

【5のわくをまたぐたし算】

3 ＋ 3 ＝ 6

4 ＋ 2 ＝ 6

4 ＋ 3 ＝ 7

4 ＋ 4 ＝ 8

〔くり上がりのないたし算〕
イメージ記憶法一覧表〔ステップ２−１〕

【答えが５まで①】　【答えが５まで②】　【たされる数が５】

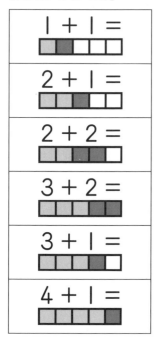
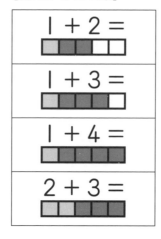

〔くり上がりのないたし算〕
イメージ記憶法一覧表〔ステップ２－２〕

【たされる数が６】

| 6 + 1 = |
| 6 + 2 = |
| 6 + 3 = |
| 6 + 4 = |

【たされる数が７】

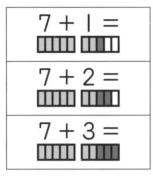

【たされる数が８】

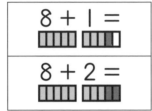

【たされる数が９】

| 9 + 1 = |

【５のわくをまたぐたし算】

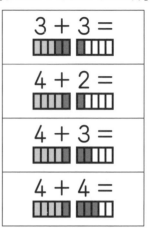

〔くり上がりのないたし算〕
イメージ記憶法一覧表〔ステップ3-1〕

【答えが5まで①】

1 + 1 =
2 + 1 =
2 + 2 =
3 + 2 =
3 + 1 =
4 + 1 =

【答えが5まで②】

1 + 2 =
1 + 3 =
1 + 4 =
2 + 3 =

【たされる数が5】

5 + 1 =
5 + 2 =
5 + 3 =
5 + 4 =
5 + 5 =

〔くり上がりのないたし算〕
イメージ記憶法一覧表〔ステップ3-2〕

【たされる数が6】

6 + 1 =
6 + 2 =
6 + 3 =
6 + 4 =

【たされる数が7】

7 + 1 =
7 + 2 =
7 + 3 =

【たされる数が8】

8 + 1 =
8 + 2 =

【たされる数が9】

9 + 1 =

【5のわくをまたぐたし算】

3 + 3 =
4 + 2 =
4 + 3 =
4 + 4 =

ワーク こたえが5までのたしざん〔数式+記号〕①

なまえ

つぎの たしざんを しましょう。

① 1 + 1 =

② 2 + 1 =

③ 4 + 1 =

④ 2 + 2 =

⑤ 1 + 2 =

⑥ 2 + 3 =

⑦ 3 + 1 =

⑧ 1 + 4 =

ワーク こたえが5までのたしざん〔数式+記号〕②

なまえ

つぎの たしざんを しましょう。

① 2 + 1 =

② 1 + 4 =

③ 2 + 2 =

④ 2 + 3 =

⑤ 4 + 1 =

⑥ 1 + 2 =

⑦ 1 + 1 =

⑧ 3 + 1 =

ワーク こたえが 5 までの たしざん〔数式〕①

なまえ	

つぎの たしざんを しましょう。

① 2 + 1 =   ⑤ 1 + 2 =

② 3 + 1 =   ⑥ 2 + 3 =

③ 2 + 2 =   ⑦ 4 + 1 =

④ 1 + 4 =   ⑧ 1 + 1 =

ワーク こたえが 5 までの たしざん〔数式〕②

なまえ	

つぎの たしざんを しましょう。

① 1 + 4 =   ⑤ 4 + 1 =

② 1 + 1 =   ⑥ 2 + 1 =

③ 3 + 1 =   ⑦ 2 + 3 =

④ 1 + 2 =   ⑧ 2 + 2 =

ワーク　0のたしざん

なまえ	

つぎの　たしざんを　しましょう。

① 1 + 0 =

② 4 + 0 =

③ 7 + 0 =

④ 2 + 0 =

⑤ 6 + 0 =

⑥ 8 + 0 =

⑦ 3 + 0 =

⑧ 5 + 0 =

⑨ 5 + 0 =

⑩ 2 + 0 =

⑪ 8 + 0 =

⑫ 6 + 0 =

⑬ 3 + 0 =

⑭ 7 + 0 =

⑮ 9 + 0 =

⑯ 4 + 0 =

ワーク　くりあがりのないたしざんチェックプリント①

なまえ	

つぎの　もんだいを　しましょう。

① 1 + 1 =

② 4 + 2 =

③ 2 + 2 =

④ 3 + 1 =

⑤ 3 + 5 =

⑥ 4 + 1 =

⑦ 1 + 7 =

⑧ 2 + 6 =

⑨ 1 + 4 =

⑩ 5 + 1 =

⑪ 4 + 4 =

⑫ 5 + 4 =

⑬ 1 + 9 =

⑭ 5 + 2 =

⑮ 6 + 2 =

⑯ 3 + 6 =

⑰ 2 + 4 =

⑱ 7 + 0 =

⑲ 6 + 4 =

⑳ 7 + 3 =

㉑ 8 + 1 =

㉒ 1 + 6 =

ワーク くりあがりのないたしざんチェックプリント②

なまえ

つぎの もんだいを しましょう。

① 2 + 1 =
② 4 + 3 =
③ 6 + 1 =
④ 4 + 5 =
⑤ 3 + 2 =
⑥ 2 + 5 =
⑦ 1 + 5 =
⑧ 4 + 6 =
⑨ 6 + 3 =
⑩ 1 + 3 =
⑪ 8 + 0 =
⑫ 2 + 7 =
⑬ 1 + 2 =
⑭ 5 + 5 =
⑮ 2 + 8 =
⑯ 1 + 8 =
⑰ 3 + 4 =
⑱ 7 + 2 =
⑲ 3 + 3 =
⑳ 5 + 3 =
㉑ 3 + 7 =
㉒ 2 + 3 =

(4) 具体物（ブロックなど）を用いた指導法―ひき算
〔のこりは　いくつは，ひきざん〕

> いけに　かえるが　3びき　いました。
> 1ぴき　そとに　いきました。
> のこりは，なんびきでしょうか。

3から　1を　とると，のこりは　2です。

(しき)　3 －(ひく) 1 ＝(は) 2

⇒

こたえ　2ひき

ポイント
3－1＝2　も　3－1　も　しきです。
「＝」を　つけた　ときは，こたえの　「2」も　かきます。

〔指導のポイント〕
　ブロックとスライドして使える板をセットで使用することにより，感覚的に理解できます。

〔ひきざんの もんだいづくり〕

7−2の しきに なる もんだいを つくりましょう。

もんだい

かえるが □ひき います。
かえるが □ひき そとに いきました。
□の かえるは，なんびきに なるでしょうか。

※もんだいの解答……上から（7），（2），（のこり）

〔ちがいは，いくつ〕

> パンダが 3とう います。
> うしが 2とう います。
> パンダは，うしより なんとう おおいでしょうか。

3は，2より 1 おおい。

(しき) 3 −(ひく) 2 =(は) 1

こたえ 1とう おおい

ポイント
3−2＝1 も 3−2 も しきです。
「＝」を つけた ときは，こたえの「1」も かきます。

〔0の ひきざん〕

> せみが かごに 2ひき はいっています。かごから, せみを とりだそうと しましたが, とりだせませんでした。
> のこりの せみは, なんびきでしょうか。

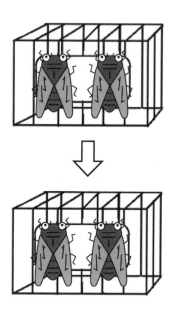

2から 0を ひくと, 2に なります。

(しき) 2 − 0 = 2
   (ひく) (は)

こたえ 2ひき

ポイント

2−0=2 も 2−0 も しきです。
「=」を つけた ときは, こたえの 「2」も かきます。

ワーク ひきざんのもんだいづくり

なまえ	

① 6-1の しきに なる もんだいを つくりましょう。
　　□に かずや ことばを かきましょう。

もんだい

さかなが，6ぴき います。
1ぴき つりました。
□の さかなは，
なんびきに なるでしょうか。

② 7-2の しきに なる もんだいを つくりましょう。
　　□に かずや ことばを かきましょう。

もんだい

りんごが □こ あります。
□こ りんごを たべました。
□の りんごは，
なんこに なるでしょうか。

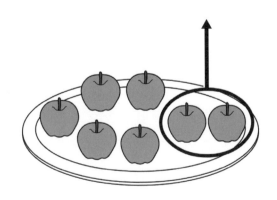

ひきざんの ぶんしょうもんだい

なまえ	

① さかなが 5ひき います。
　 1ぴき つりました。
　 のこりの さかなは,なんびきに
　 なるでしょうか。

(しき)

　　　　　　　　　　こたえ　　　　　ひき

② りんごが 8こ あります。
　 りんごを 2こ たべました。
　 のこりの りんごは,
　 なんこに なるでしょうか。

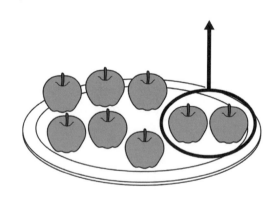

(しき)

　　　　　　　　　　こたえ　　　　　こ

(5) 2段階式学習法一覧表による指導法―ひき算

活用の仕方は，たし算（56ページ）と同様です。

◉ 2段階式学習法一覧表（くり下がりのないひき算）

【ひかれる数が1】

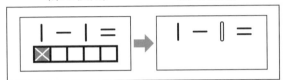

【ひかれる数が2】

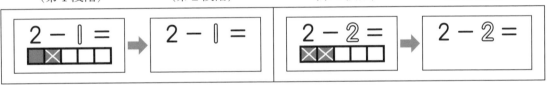

【ひかれる数が3】

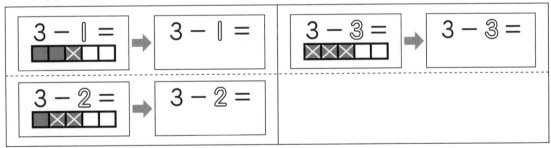

【ひかれる数が4】

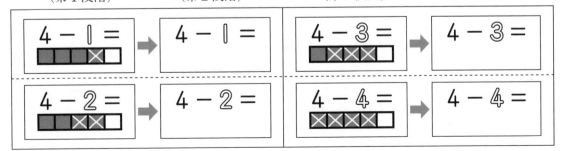

【ひかれる数が5】

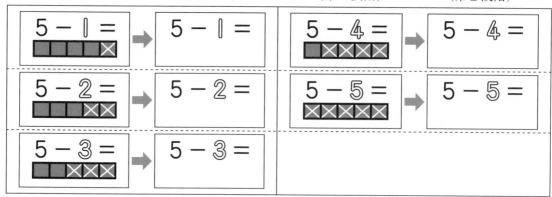

【ひかれる数が6】

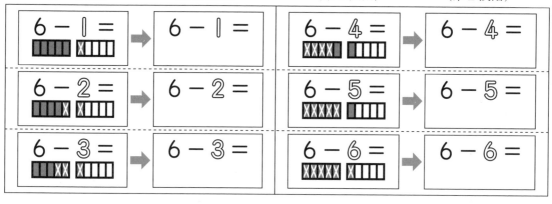

【ひかれる数が7】

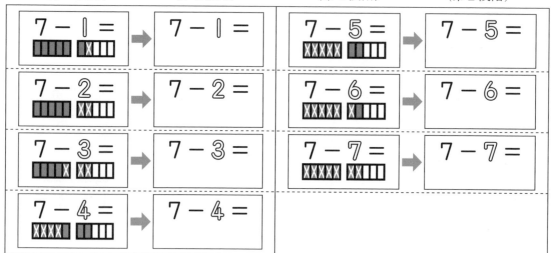

【ひかれる数が 8】

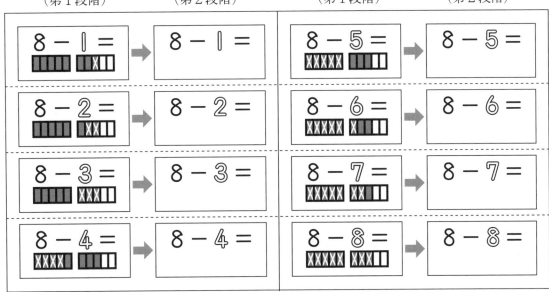

【ひかれる数が 9】

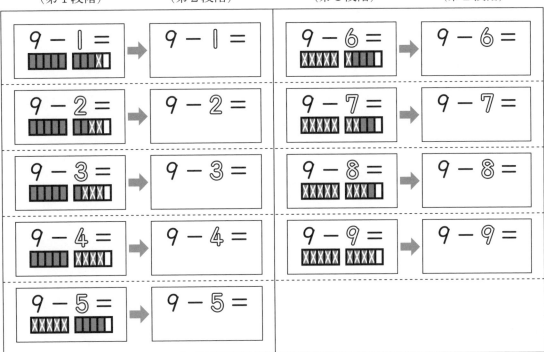

【ひかれる数が10】

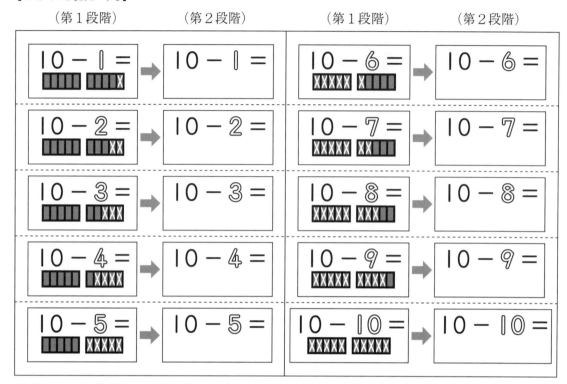

※「ひかれる数が10」のひき算は，くり下がりのあるひき算の際に必ず使うので，しっかり学習しておく必要があります。

(6) イメージ記憶法一覧表を用いた指導法──ひき算

〔くり下がりのないひき算〕
イメージ記憶法一覧表 〔ステップ１〕

1 − 1 = 0

2 − 1 = 1
2 − 2 = 0

3 − 1 = 2
3 − 2 = 1
3 − 3 = 0

4 − 1 = 3
4 − 2 = 2
4 − 3 = 1
4 − 4 = 0

5 − 1 = 4
5 − 2 = 3
5 − 3 = 2
5 − 4 = 1
5 − 5 = 0

6 − 1 = 5
6 − 2 = 4
6 − 3 = 3
6 − 4 = 2
6 − 5 = 1
6 − 6 = 0

7 − 1 = 6
7 − 2 = 5
7 − 3 = 4
7 − 4 = 3
7 − 5 = 2
7 − 6 = 1
7 − 7 = 0

8 − 1 = 7	9 − 1 = 8	10 − 1 = 9
8 − 2 = 6	9 − 2 = 7	10 − 2 = 8
8 − 3 = 5	9 − 3 = 6	10 − 3 = 7
8 − 4 = 4	9 − 4 = 5	10 − 4 = 6
8 − 5 = 3	9 − 5 = 4	10 − 5 = 5
8 − 6 = 2	9 − 6 = 3	10 − 6 = 4
8 − 7 = 1	9 − 7 = 2	10 − 7 = 3
8 − 8 = 0	9 − 8 = 1	10 − 8 = 2
	9 − 9 = 0	10 − 9 = 1
		10 − 10 = 0

〔くり下がりのないひき算〕
イメージ記憶法一覧表 〔ステップ２〕

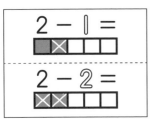
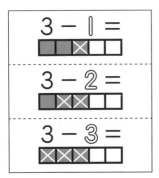

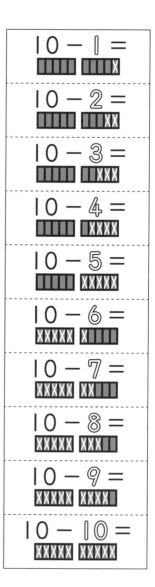

〔くり下がりのないひき算〕
イメージ記憶法一覧表 〔ステップ3〕

1 − 1 =

| 2 − 1 = |
| 2 − 2 = |

| 3 − 1 = |
| 3 − 2 = |
| 3 − 3 = |

| 4 − 1 = |
| 4 − 2 = |
| 4 − 3 = |
| 4 − 4 = |

| 5 − 1 = |
| 5 − 2 = |
| 5 − 3 = |
| 5 − 4 = |
| 5 − 5 = |

| 6 − 1 = |
| 6 − 2 = |
| 6 − 3 = |
| 6 − 4 = |
| 6 − 5 = |
| 6 − 6 = |

| 7 − 1 = |
| 7 − 2 = |
| 7 − 3 = |
| 7 − 4 = |
| 7 − 5 = |
| 7 − 6 = |
| 7 − 7 = |

8 − 1 =	9 − 1 =	10 − 1 =
8 − 2 =	9 − 2 =	10 − 2 =
8 − 3 =	9 − 3 =	10 − 3 =
8 − 4 =	9 − 4 =	10 − 4 =
8 − 5 =	9 − 5 =	10 − 5 =
8 − 6 =	9 − 6 =	10 − 6 =
8 − 7 =	9 − 7 =	10 − 7 =
8 − 8 =	9 − 8 =	10 − 8 =
	9 − 9 =	10 − 9 =
		10 − 10 =

ワーク ひかれるかずが5よりちいさいひきざん〔数式＋記号〕①

なまえ

つぎの ひきざんを しましょう。

① 5 − 2 =
② 2 − 1 =
③ 4 − 3 =
④ 3 − 2 =
⑤ 5 − 4 =
⑥ 4 − 1 =
⑦ 3 − 1 =
⑧ 5 − 3 =

ワーク ひかれるかずが5よりちいさいひきざん〔数式＋記号〕②

なまえ

つぎの ひきざんを しましょう。

① 3 − 2 =
② 5 − 3 =
③ 4 − 1 =
④ 2 − 1 =
⑤ 3 − 1 =
⑥ 4 − 3 =
⑦ 5 − 4 =
⑧ 5 − 2 =

✏️ ワーク ひかれるかずが5よりちいさいひきざん〔数式〕①

なまえ	

つぎの ひきざんを しましょう。

① 4 − 3 =   ⑤ 3 − 1 =

② 2 − 1 =   ⑥ 4 − 1 =

③ 5 − 2 =   ⑦ 5 − 4 =

④ 3 − 2 =   ⑧ 5 − 3 =

✏️ ワーク ひかれるかずが5よりちいさいひきざん〔数式〕②

なまえ	

つぎの ひきざんを しましょう。

① 3 − 1 =   ⑤ 3 − 2 =

② 5 − 4 =   ⑥ 4 − 1 =

③ 4 − 3 =   ⑦ 5 − 3 =

④ 2 − 1 =   ⑧ 5 − 2 =

ワーク　ひかれるかずが6〜10のひきざん

なまえ

つぎの　ひきざんを　しましょう。

① 6 − 4 =

② 9 − 1 =

③ 8 − 1 =

④ 7 − 4 =

⑤ 10 − 3 =

⑥ 10 − 8 =

⑦ 9 − 9 =

⑧ 9 − 4 =

⑨ 6 − 1 =

⑩ 7 − 7 =

⑪ 10 − 6 =

⑫ 9 − 6 =

⑬ 10 − 1 =

⑭ 9 − 7 =

⑮ 9 − 2 =

⑯ 10 − 4 =

⑰ 6 − 5 =

⑱ 8 − 2 =

 0のひきざん

なまえ

つぎの ひきざんを しましょう。

① 2 − 0 =

② 3 − 0 =

③ 7 − 0 =

④ 1 − 0 =

⑤ 6 − 0 =

⑥ 5 − 0 =

⑦ 4 − 0 =

⑧ 8 − 0 =

⑨ 0 − 0 =

⑩ 7 − 0 =

⑪ 5 − 0 =

⑫ 9 − 0 =

⑬ 1 − 0 =

⑭ 2 − 0 =

⑮ 6 − 0 =

⑯ 8 − 0 =

⑰ 3 − 0 =

⑱ 4 − 0 =

ワーク くりさがりのないひきざんチェックプリント①

なまえ

つぎの もんだいを しましょう。

① 2 − 1 =
② 6 − 4 =
③ 8 − 1 =
④ 7 − 4 =
⑤ 4 − 2 =
⑥ 10 − 8 =
⑦ 9 − 4 =
⑧ 5 − 5 =
⑨ 10 − 6 =
⑩ 4 − 3 =
⑪ 10 − 1 =
⑫ 9 − 2 =
⑬ 6 − 5 =
⑭ 3 − 3 =

⑮ 5 − 2 =
⑯ 9 − 1 =
⑰ 8 − 7 =
⑱ 3 − 2 =
⑲ 10 − 3 =
⑳ 9 − 0 =
㉑ 6 − 1 =
㉒ 7 − 7 =
㉓ 9 − 6 =
㉔ 2 − 2 =
㉕ 9 − 7 =
㉖ 10 − 4 =
㉗ 8 − 2 =
㉘ 8 − 8 =

ワーク　くりさがりのないひきざんチェックプリント②

なまえ

つぎの　もんだいを　しましょう。

① 7 − 5 =
② 8 − 7 =
③ 7 − 1 =
④ 10 − 6 =
⑤ 5 − 4 =
⑥ 3 − 1 =
⑦ 6 − 6 =
⑧ 10 − 7 =
⑨ 4 − 0 =
⑩ 7 − 6 =
⑪ 9 − 5 =
⑫ 8 − 6 =
⑬ 10 − 5 =

⑭ 9 − 5 =
⑮ 10 − 9 =
⑯ 5 − 3 =
⑰ 8 − 5 =
⑱ 5 − 1 =
⑲ 9 − 3 =
⑳ 6 − 5 =
㉑ 9 − 8 =
㉒ 8 − 3 =
㉓ 10 − 2 =
㉔ 4 − 1 =
㉕ 7 − 2 =
㉖ 10 − 10 =

第4章

くり上がり・くり下がりのない2桁を含むたし算・ひき算にチャレンジ

ワーク 10と□でいくつ〔タイルつき〕

なまえ

□に かずを かきましょう。

〔かきかた〕

10 と 4 で 14

① 10 と 6 で ☐

② 10 と 3 で ☐

③ 10 と 9 で ☐

④ 10 と ☐ で 12

⑤ 10 と ☐ で 15

⑥ 10 と ☐ で 11

94

ワーク 10と□でいくつ〔お金つき〕

なまえ

□に かずを かきましょう。

〔かきかた〕

10 と 5 で $\boxed{15}$

① 10 と 7 で ☐

② 10 と 2 で ☐

③ 10 と 9 で ☐

④ 10 と ☐ で 11

⑤ 10 と ☐ で 18

⑥ 10 と ☐ で 20

ワーク　10と□でいくつ〔文のみ〕

なまえ

□に　かずを　かきましょう。

〔かきかた〕

10 と 2 で 12

① 10 と 4 で □
② 10 と 6 で □
③ 10 と 3 で □
④ 10 と 8 で □
⑤ 10 と □ で 12
⑥ 10 と □ で 19
⑦ 10 と □ で 15
⑧ 10 と □ で 17

ワーク　どちらがおおきい〔お金つき〕

なまえ

どちらが　おおきいでしょうか。
おおきい　ほうの　かずの〔　〕に　○を　かきましょう。

〔かきかた〕

8	12	17	14
⑤①①①	⑩①①	⑩⑤①①	⑩①①①①
〔　〕	〔○〕	〔○〕	〔　〕

① 14　11
⑩①①①　⑩①
〔　〕〔　〕

④ 13　7
⑩①①①　⑤①①
〔　〕〔　〕

② 20　17
⑩⑩　⑩⑤①①
〔　〕〔　〕

⑤ 18　16
⑩⑤①①①　⑩⑤①
〔　〕〔　〕

③ 13　9
⑩①①①　⑤①①①①
〔　〕〔　〕

⑥ 10　20
⑩　⑩⑩
〔　〕〔　〕

ワーク　どちらがおおきい〔数のみ〕

なまえ

どちらが おおきいでしょうか。
おおきい ほうの かずの 〔 〕に ○を かきましょう。

① 7　11　　⑥ 16　13
〔 〕〔 〕　　〔 〕〔 〕

② 12　15　　⑦ 14　9
〔 〕〔 〕　　〔 〕〔 〕

③ 19　18　　⑧ 17　15
〔 〕〔 〕　　〔 〕〔 〕

④ 20　10　　⑨ 12　18
〔 〕〔 〕　　〔 〕〔 〕

⑤ 17　7　　⑩ 10　20
〔 〕〔 〕　　〔 〕〔 〕

ワーク かずのじゅんばん

なまえ

□に かずを かきましょう。

〔かきかた〕

10 → 11 → 12 → 13 → 14 → 15

① 15 → 16 → □ → □ → 19 → 20

② 20 → 19 → □ → 17 → □ → 15

③ □ → 14 → 13 → □ → 11 → 10

④ 10 → 11 → □ → 13 → □ → 15
→ 16 → □ → □ → □ → 20

くりあがりのない 2けた＋1けた〔タイルつき〕

なまえ	

つぎの けいさんを しましょう。

〔かきかた〕（ ← は かいても かかなくても よいです）

$$13 + 1 = 14$$

① $11 + 2 =$

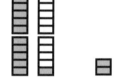

② $15 + 3 =$

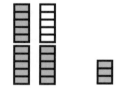

③ $14 + 1 =$

④ $10 + 7 =$

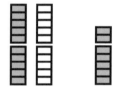

⑤ $16 + 3 =$

⑥ $10 + 4 =$

ワーク　くりあがりのない2けた＋1けた〔お金つき〕

なまえ

つぎの　けいさんを　しましょう。

〔かきかた〕（← は かいても かかなくても よいです）

12 ＋ 1 ＝ 13

① 11 ＋ 2 ＝

② 10 ＋ 5 ＝

③ 17 ＋ 1 ＝

④ 13 ＋ 3 ＝

⑤ 12 ＋ 6 ＝

⑥ 14 ＋ 5 ＝

⑦ 16 ＋ 3 ＝

⑧ 12 ＋ 4 ＝

⑨ 15 ＋ 1 ＝

⑩ 10 ＋ 2 ＝

 **くりあがりのない2けた＋1けた〔数式のみ〕**

なまえ	

つぎの けいさんを しましょう。

〔かきかた〕　　　14 ＋ 3 ＝ 17

① 15 ＋ 4 ＝

② 18 ＋ 1 ＝

③ 12 ＋ 3 ＝

④ 17 ＋ 2 ＝

⑤ 10 ＋ 5 ＝

⑥ 16 ＋ 3 ＝

⑦ 11 ＋ 4 ＝

⑧ 13 ＋ 3 ＝

⑨ 10 ＋ 9 ＝

⑩ 12 ＋ 5 ＝

⑪ 16 ＋ 1 ＝

⑫ 14 ＋ 4 ＝

ワーク　くりさがりのない2けた−1けた〔タイルつき〕

なまえ

つぎの　けいさんを　しましょう。

〔かきかた〕

$14 - 3 = 11$

① $19 - 4 =$
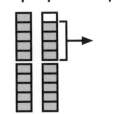

② $15 - 5 =$
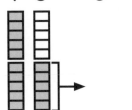

③ $17 - 3 =$
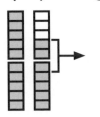

④ $18 - 2 =$
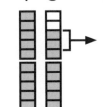

⑤ $14 - 1 =$
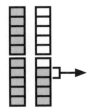

⑥ $16 - 6 =$
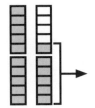

くりさがりのない2けた－1けた〔お金つき〕

なまえ

つぎの けいさんを しましょう。

〔かきかた〕 14 − 2 = 12

① 16 − 1 =

② 18 − 8 =

③ 17 − 5 =

④ 14 − 3 =

⑤ 12 − 1 =

⑥ 19 − 4 =

⑦ 13 − 2 =

⑧ 16 − 6 =

⑨ 14 − 1 =

⑩ 17 − 2 =

ワーク　くりさがりのない2けた−1けた〔数式のみ〕

なまえ

つぎの　けいさんを　しましょう。

〔かきかた〕　18 − 3 = 15

① 14 − 3 =

② 17 − 4 =

③ 15 − 2 =

④ 11 − 1 =

⑤ 15 − 3 =

⑥ 18 − 6 =

⑦ 12 − 1 =

⑧ 19 − 7 =

⑨ 17 − 3 =

⑩ 13 − 2 =

⑪ 16 − 5 =

⑫ 19 − 4 =

解答

第3章 くり上がり・くり下がりのないたし算・ひき算にチャレンジ

【P.66】

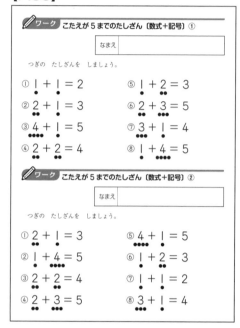

【P.67】

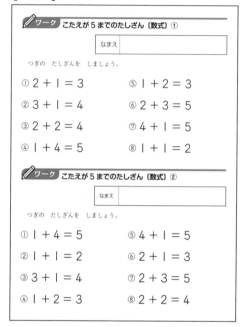

【P.69】

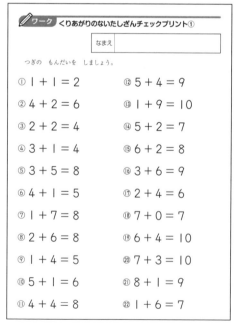

【P.70】

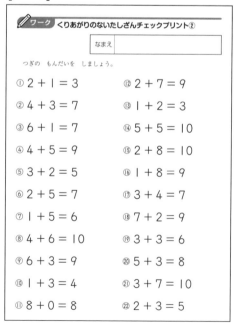

【P.87】

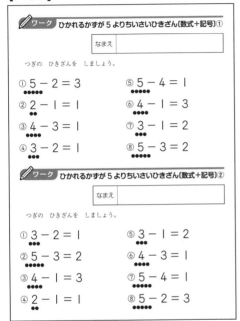

【P.88】

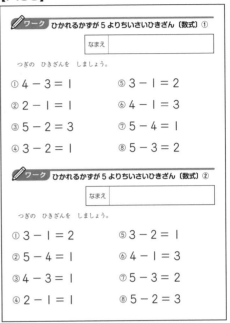

【P.89】

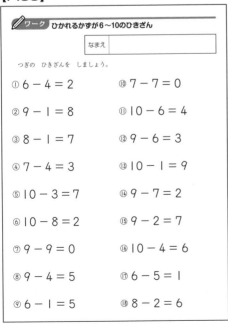

【P.90】

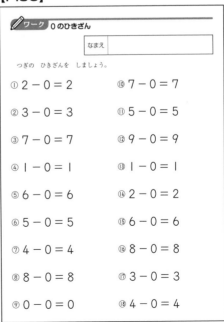

【P.91】

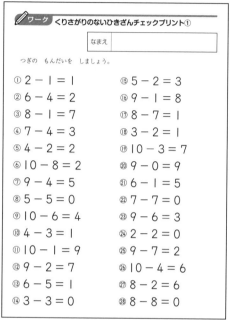

【P.92】

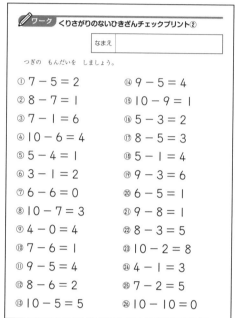

第4章　くり上がり・くり下がりのない2桁を含むたし算・ひき算にチャレンジ

【P.100】

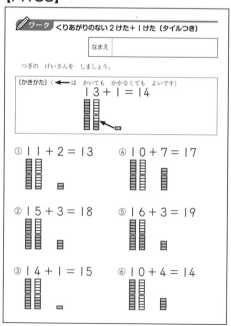

【P.101】

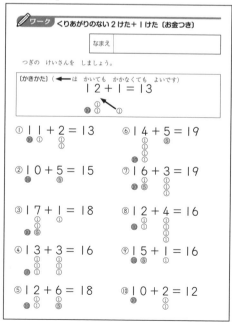

【P.102】

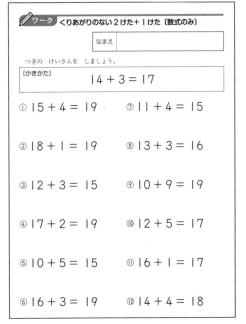

【P.103】

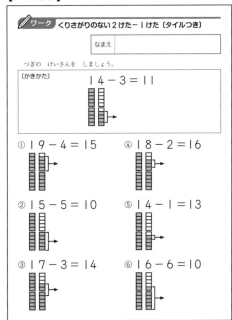

【P.104】

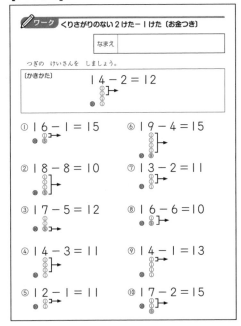

【P.105】

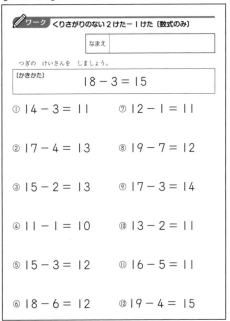

付録　学習指導計画・チェックリスト

・すべて最初から実施しなければならないということではありません。すでに習得している項目は，カットしてもかまいません。

・習得状況などを〔チェック◎○△〕の欄に，◎○△や文言などで記載しましょう。

内　　容	ページ	チェック◎○△
数の多い・少ない（1〜5）	15	
1〜5までの数の読み方と概念	21	
1〜5までの数の読み方・数え方〔単位がつくとき〕	22	
1〜5までの数字の書き方	23	
6〜10までの数の読み方と概念	25	
6〜10までの数の読み方・数え方〔単位がつくとき〕	26	
6〜10までの数字の書き方	28	
0の読み方・概念・書き方	28	
数の多い・少ない（6〜10）	29	
いくつといくつ	37	
たしざんのもんだいづくり〔あわせていくつ〕	53	
たしざんのもんだいづくり〔ふえるといくつ〕	54	
たしざんのぶんしょうもんだい	55	
こたえが5までのたしざん	66	
0のたしざん	68	
くりあがりのないたしざんチェックプリント	69	
ひきざんのもんだいづくり	75	
ひきざんのぶんしょうもんだい	76	
ひかれるかずが5よりちいさいひきざん	87	
ひかれるかずが6〜10のひきざん	89	
0のひきざん	90	
くりさがりのないひきざんチェックプリント	91	
10と□でいくつ〔タイルつき〕	94	
10と□でいくつ〔お金つき〕	95	
10と□でいくつ〔文のみ〕	96	
どちらがおおきい〔お金つき〕	97	
どちらがおおきい〔数のみ〕	98	
かずのじゅんばん	99	
くりあがりのない2けた＋1けた〔タイルつき〕	100	
くりあがりのない2けた＋1けた〔お金つき〕	101	
くりあがりのない2けた＋1けた〔数式のみ〕	102	
くりさがりのない2けた－1けた〔タイルつき〕	103	
くりさがりのない2けた－1けた〔お金つき〕	104	
くりさがりのない2けた－1けた〔数式のみ〕	105	

あ と が き

　本書を読まれ，または実践され，どのようなご感想をもたれたでしょうか。

　私は，小学校の1種免許はもちろん，特別支援学校の1種免許も取得しています。とはいえ，私は特別支援教育の教科指導がうまいかといえば，自信がありませんでした。自信がないからこそ，様々な書籍を読みあさったり，勉強会に参加したり，他県まで行って特別支援教育の講座に参加したりして学んできました。さらに，子どもからも多くの指導法を学びました。

　まだ私が若い頃，小学校入学前の段階で，幼稚園にも保育園にも行かず，保護者と一緒に昼間はずっと畑で，一人で過ごしていたというお子さんの担任（特別支援学級）をさせていただいたことがありました。私自身，当時は勉強してきたという自負があったので，成果を上げる自信がありました。しかしその自信は，根こそぎ崩されてしまいました。学んできた指導法はほとんど通用しませんでした。そこで，その子どもから学ぶことが大切ではないかと，その子どもに対して授業をする度，その子どもの反応や思考システムをメモし，そのメモをもとに様々な指導法を自分なりに考え，実践してきました。

　特に教育的配慮が必要な子どもに対する指導を行う際は，教師は，多様な指導法，言い換えれば，多くの「引き出し」をもっていなければなりません。教科書に掲載されているAという指導法で習得できなければ，何度も何度もそのAという指導法で教えるのではなく，Bの指導法，それでもだめならCの指導法，それでもだめならDの指導法というように，その子どもに合った指導法を探って用いることが大切ではないでしょうか。（それらの指導法の一部を，私が開設しているホームページ「道徳自作資料の部屋」（http://www.synapse.ne.jp/ooe/）にも掲載していますので，立ち寄っていただければ幸いです。）

　本書を執筆するにあたり，巻頭に推薦文を執筆してくださった菊池省三先生をはじめ，ご指導くださった園屋高志先生（鹿児島大学名誉教授），実践の検証をしてくださった鹿児島県マルチメディア教育研究会のメンバーの方々のお力添えをいただきました。

　少しでも，本書が子どもたちや先生方，保護者のお役に立てば幸いです。

　本書に関するお問い合わせやご意見，ご要望は，大江（ooe@po.synapse.ne.jp）までメールをいただければありがたいです。

大江　浩光

【参考図書】
・『みんなとまなぶ　しょうがっこう　さんすう1ねん』（学校図書）
・『本能式計算法』（大江浩光著，押谷由夫解説，学芸みらい社）
・『おもしろ教材・教具集＆知っ得情報』（大江浩光著，押谷由夫解説，学事出版）

【著者紹介】

大江　浩光（おおえ　ひろみつ）

1963年10月1日　和歌山県東牟婁郡串本町古座で生まれる
1987年4月　鹿児島県の小学校教諭になる

〈特別支援教育関係の単著〉
『おもしろ教材・教具集＆知っ得情報』（押谷由夫解説，学事出版）『ひらがな完全習得ワーク』（野口芳宏解説，学事出版）『本能式計算法』（押谷由夫解説，学芸みらい社）『7歳までの教育』（押谷由夫解説，明治図書）

〈道徳関係の単著〉（いずれも明治図書）
『子どもが夢中になる落語流道徳自作資料10選』（深澤久解説）『今を生きる人々に学ぶ』（深澤久解説）『「いじめ」の授業』（押谷由夫解説）『絵本を使った道徳授業』（押谷由夫解説）『「学級崩壊」の授業』（押谷由夫解説）『続・落語流道徳授業』（押谷由夫解説）『7歳までの教育』（押谷由夫解説）『規範意識を高める道徳授業』（押谷由夫解説）『「夢」の授業』（押谷由夫解説）

〈開発した教育アプリ〉
・「たす・ひく」アプリ　・「かける・わる」アプリ

〈教育委員会主催の講演歴〉
和歌山県和歌山市教育委員会主催研修会／長崎県佐世保市教育センター主催研修講座／和歌山県和歌山市教育委員会主催初任者研修会／富山県魚津地区教育センター協議会主催研修会／滋賀県総合教育センター主催教職10年目研修会／兵庫県芦屋市教育委員会主催研修会／兵庫県三田市教育委員会主催研修会／兵庫県西宮市教育委員会主催研修会／大阪府富田林市教育委員会主催研修会／大阪府河内長野市教育委員会主催研修会　他多数

※学校主催や民間団体，保護者主催の講座など，合わせて約100回以上の講演・講座。

※特別支援教育や道徳の講演会や講座をご希望の方は，お気軽に連絡をいただければありがたいです。講師料はいりません。現場ですぐに役立ち，結果を残すことができる理論と実践を紹介させていただきます。連絡先は，ooe@po.synapse.ne.jp　です。

〔本文イラスト〕木村美穂

数が苦手な子のための計算支援ワーク1
数に慣れる基礎トレーニング編

2018年4月初版第1刷刊　©著　者　大　江　浩　光
　　　　　　　　　　　　　発行者　藤　原　光　政
　　　　　　　　　　　　　発行所　明治図書出版株式会社
　　　　　　　　　　　　　　　　　http://www.meijitosho.co.jp
　　　　　　　　　　　　　（企画）林　知里（校正）㈱東図企画
　　　　　　　　　　　　　〒114-0023　東京都北区滝野川7-46-1
　　　　　　　　　　　　　振替00160-5-151318　電話03(5907)6703
　　　　　　　　　　　　　　　　　ご注文窓口　電話03(5907)6668
＊検印省略　　　　　　　　組版所　株式会社明昌堂

本書の無断コピーは，著作権・出版権にふれます。ご注意ください。
教材部分は，学校の授業過程での使用に限り，複製することができます。

Printed in Japan　　　　　　　ISBN978-4-18-282217-9
もれなくクーポンがもらえる！読者アンケートはこちらから→